AF267916

A CEUX

QUI

PENSENT ENCORE

PARIS

IMPRIMERIE DE L. TINTERLIN ET Cᵉ

RUE NEUVE-DES-BONS-ENFANTS, 3.

A CEUX

QUI

PENSENT ENCORE

PAR

ALFRED ASSOLLANT

PARIS

E. DENTU, LIBRAIRE-ÉDITEUR

PALAIS-ROYAL, 13, GALERIE D'ORLÉANS

1861

A CEUX

QUI

PENSENT ENCORE

———— ❧ ————

I

Lecteurs, je ne sais de quel nom vous appeler : *Citoyens* est bien fier ; *sujets* ne plaît pas à tout le monde : Que dites-vous de *contribuables ?* Celui-là du moins ne sera contesté de personne. C'est un titre modeste que vous avez reçu de vos pères et que vous transmettrez, suivant toute apparence, à vos enfants et à vos petits-enfants. La Seine ne descend pas plus régulièrement vers l'Océan que votre argent dans la caisse du percepteur. Asseyez-vous donc un instant, contribuables, mes frères, et parlons un peu des affaires publiques.

Ceci n'est pas une harangue ni un traité philosophique sur l'art de gouverner les hommes. Grâce au ciel, vous et moi ne visons pas si haut. Nous sommes petites gens.

avocats, maçons, professeurs, serruriers, journalistes, marchands de drap, de vin ou d'huile de noix, vivant de notre travail, payant régulièrement l'impôt, et par là très-intéressés à ce qu'on fasse de notre argent le meilleur emploi possible. Les hommes d'État, les grands seigneurs, les banquiers et les diplomates ne font peut-être pas grand cas de nous et rient volontiers entre eux, portes closes, de notre douceur et bonhomie. Qu'ils rient : ce sont gens de haut parage, de grande conception, de rare prévoyance, qui voient de haut et de loin, qui pèsent dans leurs balances les destinées des nations et qui disent : Celle-ci sera sauvée et celle-là précipitée au feu éternel ; le Turc sera jeté dans la mer et noyé comme un chien, et le Russe surnagera, ou l'Autrichien ou le Prussien.

Pour nous, qu'il nous suffise, sans regarder si loin ni enseigner à vivre aux Chinois et aux Samoïèdes, de veiller avec soin sur deux ou trois petites choses que les puissants dédaignent et qui feraient bien rire dans leur barbe Metternich et Gortschakoff, mais qui ne sont pas pour nous de mince importance. J'entends : la liberté d'aller et de venir, de chanter, de parler, d'imprimer, de médire du préfet s'il nous gêne, et du ministre aussi, et du député s'il ne défend pas nos intérêts. Constantinople ne nous touche en rien, ni Malte, ni Gibraltar, ni Corfou, ni le royaume de Dahomey, ni Abd-el-Kader, ni la Mésopotamie, ni l'équilibre européen, ni le Japon, ni les îles de la Sonde, ni le czar qui est notre ami, ni Palmerston qui ne marche plus qu'avec une carabine rayée, l'œil fixé sur Calais, le doigt sur la détente.

Si nous avons la liberté, nous aurons la paix ; si nous avons la paix et la liberté, nous aurons de l'économie : ' trois bonnes choses. Je veux vous dire aujourd'hui deux mots de la première ; les deux autres viendront chacune en son temps. Il est tard, votre journée est finie, vous ne rentrerez chez vous que pour dormir ; mettez quelques bûches au feu et écoutez-moi.

II

Au premier mot de liberté quelques-uns vont croire que je les invite à quitter leurs maisons, leurs boutiques ou leurs ateliers, à se réunir sur la place publique, à crier comme des sourds et à briser à coups de pierres les vitres des réverbères. Chers contribuables, mes frères, je ne veux pas dire du mal de cette méthode ; elle a été bonne autrefois et consacrée par d'illustres exemples : Lafayette en France, Hampden en Angleterre et Washington en Amérique, tous trois gentilhommes, amis de l'ordre et de là paix ; mais elle est fort coûteuse, et de même qu'on ne brûle pas un billet de banque pour allumer un cigare, on ne fait pas une révolution pour le plaisir d'en faire, — noble plaisir, très-philosophique et très-digne d'une grande nation, mais où les millions et le sang des hommes coulent comme l'eau des fontaines. D'ailleurs, on nous engage à parler ; le Sénat est en séance et le Corps législatif aussi ; le gouvernement même paraît bien aise d'avoir notre avis, car les applaudissements des préfets ne lui suffisent pas, dût-on y joindre ceux des sous-préfets et des maires ; disons donc hautement et sans détour tous nos vœux et toute notre pensée.

Le premier des biens, celui qui vaut la vie même, c'est la liberté d'aller et de venir. Mais, dites-vous, qui donc n'a pas cette liberté, sauf les malfaiteurs ? — Qui ? cher contribuable. Les vagabonds d'abord. Vous riez ? Mais savez-vous qu'un homme est réputé vagabond lorsqu'on le rencontre sans passe-port à dix lieues de son domicile ? Savez-vous qu'un commissaire de police a droit de vous faire empoigner et mettre en prison jusqu'à ce que votre identité soit reconnue ? Savez-vous que cela peut se faire tous les jours dans notre belle France et que pour cette raison nous prêtons fort à rire aux Anglais, qui ne sont pourtant pas plus grands seigneurs que nous, j'imagine, ni plus dignes de la liberté, quelquchose qu' peneense M. de Persigny? Ah ! vous croyez qu'on ne met en prison que les malfaiteurs ? Eh bien, écoutez ceci.

Il y a cinq ou six ans, un Parisien de mes amis se promenait à pied, le sac sur le dos, dans les montagnes du Limousin ; il était seul et sans passe-port, bien qu'habitué à voyager. Comme il n'avait point d'affaires, il s'arrêtait partout, causant avec les passants et riant de tout, car c'est le plus heureux caractère du monde. Un soir, il arriva dans une petite ville, chef-lieu d'un canton qui n'est pas fort éloigné de Limoges. L'hôte lui demanda son nom. Le voyageur, distrait, écrivait au hasard sur un registre le premier nom venu. Et votre profession? dit l'hôte. — Jardinier, répliqua l'autre (effectivement son rêve avait toujours été de planter des choux et d'arroser des tulipes). Une heure après, comme il soupait, deux gendarmes entrèrent. « — Vos papiers ? — Je n'en ai pas. — Suivez-nous chez le commissaire. » Le Parisien, fort contrarié, ne souffla mot et les suivit.

Le commissaire mettait son bonnet de nuit quand les gendarmes se présentèrent.

Au dire du Parisien, il louchait et son nez était d'une longueur infinie. Peut-être y a-t-il quelque rancune dans son récit. Quoi qu'il en soit, le regard qu'il jeta sur le prisonnier n'était pas rassurant. « Comment vous appelez-vous? demanda-t-il d'un ton dur. » L'autre, voyant l'affaire sérieuse, dit son vrai nom et sa profession. Le commissaire fronça le sourcil. « D'où vient, dit-il, que vous êtes allé vous promener sur le Mail et que vous avez chanté tout haut je ne sais quoi? — Rien n'est plus simple, répliqua le Parisien, je me promenais sur le Mail pour gagner de l'appétit avant dîner, et je chantais : « *Au clair de la lune, mon ami Pierrot,* » parce que j'ai la voix belle et que j'aime mieux la musique de Lulli que celle de Meyerbeer. — Pourquoi, dit le commissaire, n'avez-vous pas dit votre vrai nom à l'aubergiste? — Parce que je n'en voyais pas la nécessité. — Vous devez savoir, dit le commissaire, qu'on ne se moque pas de la police. — Je la respecte fort, répondit très-poliment le Parisien, et pour preuve je vous quitte, puisque ma vue vous déplaît, et je vais souper. » A ces mots, les yeux du commissaire étincelèrent. « Il s'agit bien de souper! dit-il. Gendarmes, qu'on mène cet homme en prison. Demain ou après-demain, on vérifiera son identité. — Mais..., dit le Parisien en élevant la voix. — En prison ! — Mais... — Vous menacez, je crois? dit le commissaire en se retirant derrière les gendarmes.

Ce mot rendit au Parisien tout son sang-froid. Il entrevit d'un coup d'œil les suites possibles de l'affaire, la rébellion contre les agents de la force publique, et tout le parti qu'un magistrat zélé pourrait tirer de sa résistance.

Il passa la nuit en prison, et le matin, s'étant recommandé de quelques amis qu'il avait par hasard à Limoges, il s'y fit conduire entre deux gendarmes et fut relâché sur-le-champ.

Je ne dis rien du commissaire qui le fit mettre en prison. Aux yeux de la loi, un homme qui voyage sans passe-port, est un vagabond, et le vagabond est un homme dangereux. Toutes les nuits on ramasse dans les rues de Paris cinq ou six pauvres diables qui ne savent où loger, faute d'argent, et on les met en prison. En Angleterre, un homme qui se promène est réputé innocent jusqu'à ce que le magistrat l'ait déclaré coupable. En France, au contraire, il semble qu'on le répute coupable jusqu'à ce que le magistrat l'ait déclaré innocent. De là vient qu'en Angleterre la liberté individuelle est si fortement garantie, et en France si continuellement menacée. Chez nous, le premier mot du commissaire est toujours : « Empoigne, empoigne ; l'affaire s'éclaircira plus tard. » Car nous sommes des gens pressés, ennemis de tout délai et de tout examen dont la longueur nous agacerait les nerfs. C'est en France qu'il a été dit : « A la mort ! Et allons dîner ! » Belle parole, où l'on retrouve cette gaieté charmante et cette férocité naïve qui sont le vrai caractère de la nation française.

En 1858, Orsini essaie d'assassiner l'Empereur, et tue ou blesse cent cinquante personnes. On lui coupe le cou, c'est fort bien ; mais voyez les suites de l'affaire. L'Italien, tout assassin qu'il est, n'a pas empêché qu'on délivrât sa patrie : on le vit bien à Solferino. Nous, au contraire, gens paisibles, contribuables exacts à payer les taxes, qui avons en horreur les bombes fulminantes et ceux qui les fabriquent et ceux qui les jettent à la tête de leur prochain, on nous fait, pour nous rendre sages et dociles, une petite loi dite de sûreté générale, dont le moindre article peut envoyer en prison, si l'on veut, trois ou quatre millions de Français. Exemple, celui-ci :

Art. 2. « *Est puni d'un emprisonnement d'un mois à*
« *deux ans et d'une amende de cent francs à deux mille*
« *francs, tout individu qui, dans le but de troubler la paix*
« *publique ou d'exciter à la haine et au mépris du gouver-*
« *nement de l'Empereur, a pratiqué des manœuvres ou*
« *entretenu des intelligences, soit à l'intérieur, soit à*
« *l'étranger.* »

Entendez-vous ceci, bonnes gens ? *Pratiqué des manœu-vres ! Entretenu des intelligences !* Pour moi, j'avoue mon inquiétude. Où commencent les manœuvres qu'on pratique ? où finissent les intelligences qu'on entretient ? Mercredi dernier, j'étais avec quelques amis dans un salon paisible. Entre deux tasses de thé, quelqu'un se leva : « Nous aurons la guerre au printemps, dit-il. Le roi de Prusse met son bonnet de travers et l'empereur d'Autriche caresse ses moustaches. Garibaldi passera le Pô et sera frotté avec tous les vainqueurs de Varèse, de San-Martino et de Calatafimi ; et Cavour, suivant son usage, nous mettra toute la besogne sur le dos. » A ces mots, chacun se leva et prit son chapeau. « Qu'avez-vous ? demanda l'orateur étonné. — Mon ami, dit un avocat, vous nous menacez de la guerre ; donc vous troublez la paix publique ; donc vous pratiquez des manœuvres ; donc vous entretenez des intelligences, et l'on peut vous envoyer en prison pour deux ans, ce qui nous affligerait mortellement. — Mais, reprit l'orateur, je ne pratique aucune manœuvre... — Je n'en sais rien. — Je ne trouble pas la paix publique. — Je l'ignore, et de peur qu'on ne m'accuse de vous écouter avec trop de faveur et peut-être de vous donner la réplique, je m'en vais. — Encore un mot, ajouta l'orateur suppliant. Que signifient ces paroles : *Pratiquer des manœuvres ?* — Mon ami, répondit l'autre, je ne les entends pas plus que vous, et voilà pourquoi je tremble. — Écrire une lettre à son ami, est-ce pratiquer des manœuvres ? — C'est selon... De quoi est-il question dans cette lettre ? — D'un préfet qui a montré beaucoup de zèle dans une élection récente. — Diable !... Est-ce tout ? — D'un inspecteur qui a bien secondé le préfet, — Oh ! oh ! — D'un maire qui a vigoureusement influencé les électeurs. — Et votre lettre est à la poste ? — Depuis trois jours. — Mon ami, dit l'avocat,

prenez garde à l'article 2 de la loi de sûreté générale. —
O ciel ! dit l'orateur. — Prenez garde à l'amende ; prenez
garde à la prison ; prenez garde à l'article 5 de la même
loi dont voici le texte :

Art. 5. « *Tout individu condamné pour l'un des délits*
« *prévus par la présente loi, peut être, par mesure de sû-*
« *reté générale, interné dans un des départements de l'Em-*
« *pire ou en Algérie, ou expulsé du territoire français.* »

« Interné en Algérie ! s'écria l'orateur. — Oui, à Cons-
tantine, à Tlemcen, ou mieux encore, à Lambessa.

Au nom de Lambessa les plus braves frémirent. — Mais,
reprit le perturbateur de la paix publique, on ne m'inter-
nera pas à Lambessa sans entendre mes raisons, et les juges ne sont peut-être pas aussi impitoyables que vous le
dites. — De quels juges parlez-vous ? répliqua l'autre.
Voici le Tribunal qui décidera de votre sort. » Il tira de
sa poche un petit Code bien relié et lut :

Art. 10. « *Les mesures de sûreté générale autorisées par*
« *les articles 5, 6 et 7 seront prises par le Ministre de*
« *l'intérieur sur l'avis du préfet du département, du général*
« *qui y commande et du procureur général. L'avis de ce der-*
« *nier sera remplacé par l'avis du procureur impérial dans*
« *les chefs-lieux où ne siége pas une Cour impériale.* »

« On écoutait cette lecture dans le plus profond silence.
— J'aimerais mieux le jury, dit enfin l'orateur infortuné.

— Vous n'êtes pas dégoûté, répliqua l'avocat en remettant le Code dans sa poche. — Vous êtes prévenu, reprit-il en ouvrant la porte. Soyez plus prudent à l'avenir et craignez de pratiquer des manœuvres. Au revoir, cher monsieur.

Vous pensez peut-être, contribuable, mon frère, que les alarmes de ce brave homme étaient fort exagérées et qu'on n'est pas en France aussi Turc qu'il feignait de le croire. Il est vrai, cher contribuable. Oui, vous et moi, nous écrivons tous les jours tout ce qu'il nous plaît, soit en France, soit à l'étranger, et personne ne nous envoie coloniser à Lambessa. Mais prenez garde. Qu'un autre Romain ou Romagnol, ou citoyen du pays des escopettes, s'avise encore de jeter des bombes sur le passage de Napoléon III, et vous me direz des nouvelles de la loi de sûreté générale.

Là-dessus on nous répète le mot de l'ancienne monarchie : « Que craignez-vous? le roi est si bon ! » Mes amis, je ne doute de la bonté de personne, mais en pareil cas je ne me fierais pas même à mon propre père. On ajoute qu'il faut avoir égard aux circonstances exceptionnelles, et que l'article 8 indique assez que la loi ne sera pas de longue durée. Voici cet article 8 :

« *Les pouvoirs accordés au gouvernement par les articles 5, 6 et 7 de la présente loi cesseront au 31 mars*

1865, *s'ils n'ont pas été renouvelés avant cette époque.* »

Fort bien ; mais d'ici là faut-il prendre patience et nous taire, de peur d'être empoignés et jetés aux pays lointains? M. de Persigny, ministre de l'intérieur, nous garantit une liberté complète quand nous serons tous dévoués à Napoléon III. C'est à peu près comme s'il nous disait : « Mes amis, quand vous serez du même avis que moi, je vous permettrai de me contredire. » Il me semble qu'il serait plus juste de lui répondre : « Seigneur, quand nous serons tout à fait libres, nous serons aussi dévoués que vous à l'Empire et à l'Empereur. » Et à ce propos permettez-moi de faire une réflexion.

D'où vient qu'on nous cite en toute occasion les Anglais et la maison de Brunswick? Les ancêtres de la gracieuse reine Victoria ont assis leur trône sur des centaines et des milliers de têtes coupées : est-ce là l'exemple qu'on nous propose? Georges Ier était un ivrogne de la pire espèce, brutal, mal élevé, séparé de sa femme, brouillé avec son fils, à moitié idiot, sans cœur et sans âme, qu'on débarbouilla comme on put pour le traîner de Hanovre en Angleterre ; qu'on coiffa d'une couronne et qu'on habitua à prononcer en anglais quelques mots comme ceux-ci : « *Boire, manger, dormir, du vin, de l'ale, du jambon, du* « *porter, c'est toujours avec un nouveau plaisir que*..... » Est-ce un modèle à présenter aux rois et aux empereurs?

Son cornac était ce coquin de Walpole qu'on avait vu faire tous les métiers avant celui de ministre ; un effronté drôle, corrompu, corrupteur, cynique, pourvu de tous les vices d'un grand seigneur et d'un laquais, le ministre le plus impudent et le plus méprisé qu'on vit jamais en Angleterre. Est-ce un exemple à proposer à nos secrétaires d'État, et n'avons-nous dans notre histoire ni ministres ni souverains qu'on puisse comparer à ceux-là ? Deux dynasties se sont succédé aux Tuileries de 1815 à 1848 ; on leur a tiré des coups de fusil ; elles ont riposté, elles ont puni leurs ennemis, ce que je ne blâme pas, car il est fort naturel de se défendre ; ont-elles eu besoin pour cela de fabriquer des lois nouvelles et des tribunaux extraordinaires ? Dieu merci, le Code Napoléon n'est pas chiche de peines de toute espèce contre tous les gens qui mettent en péril la sûreté du Gouvernement. Je ne dis rien de la République de 1848. Hélas ! jusqu'aux journées de juin la pauvre défunte n'était que trop douce et trop bonasse envers ses ennemis, et après ces sanglantes et malheureuses journées, qui donna l'exemple des razzias et des transportations en masse, si ce n'est les héros venus d'Afrique qui commencèrent à nous traiter comme les Bédouins du Sahara ?

Si l'on veut citer les Anglais, pourquoi ne pas s'arrêter à ceux du temps présent ? Pourquoi chercher dans leur histoire de vieilles lois rouillées, hors de service, et si l'on veut leur emprunter quelque chose, si la patrie de Montesquieu doit prendre des leçons de celle de Blackstone, pourquoi ne pas leur emprunter tout de suite la liberté individuelle et la liberté de la presse? Pourquoi maintenir les vieilles entraves ou pourquoi en forger de nouvelles? N'est-ce pas comme si l'on préférait les vieilles arquebuses du seizième siècle à nos carabines rayées, ou comme si, dans les forêts d'Amérique, on refusait de construire des chemins de fer avant d'avoir tracé des chemins vicinaux, des routes départementales et des routes impériales?

N'êtes-vous pas un peu étonné, cher contribuable, de tout ce soin qu'on prend de plaire aux Anglais? Pour nous *le Moniteur* suffit, et Dieu sait qu'il est laconique. Si quelque curieux se lève et demande par hasard des explications plus détaillées, il est presque sans exemple qu'on daigne s'expliquer avec lui et donner des raisons; mais qu'un lord ou un squire ou le premier gentleman venu de Douvres ou de Stockport prenne la peine d'avoir un avis sur nos propres affaires, — remarquez, sur nos propres affaires et non sur les siennes, — aussitôt M. de Persigny prend la plume et se justifie devant ledit gentleman. Il semble qu'on nous croie hors d'état d'entendre raison et que nous soyons toujours sous la tutelle de nos sages amis d'outre-Manche. Qu'un décret paraisse au *Moniteur*, le ministre se demande avec inquiétude : Qu'en penseront les lords du West-End ou les banquiers de la Cité de Londres ? Mais s'inquiète-t-il beaucoup de ce que nous pourrons en penser, nous Français, sur qui le décret tombe d'aplomb comme la pluie ou la grêle ?

Oui, il s'en inquiète. J'ai trop bonne opinion de M. de Persigny pour ne pas croire qu'il est comme nous partisan de la liberté individuelle et de la liberté de la presse. Lui qui connaît et cite si volontiers l'histoire d'Angleterre, il n'ignore probablement pas la nôtre. Il sait qu'on n'est pas éternellement ministre, qu'on redevient aisément simple citoyen dans notre France changeante et mobile, et que tel qui tient aujourd'hui la poignée du glaive en verra demain la pointe tournée contre sa poitrine. Qu'il jette donc lui-même à l'eau ce glaive dangereux, nuisible à tous, et au gouvernement même plus qu'aux simples citoyens. Qu'il demande le premier l'abrogation de la loi de sûreté géné-rale. Je ne crois pas qu'aucun député se fasse tirer l'oreille et lui refuse son vote. Et si quelques membres du Corps Législatif se montraient plus zélés que M. de Persigny pour le maintien de l'ordre, je ne crois pas que la nation sût mauvais gré au ministre de son libéralisme. Souvenez-vous de l'exemple du feu duc de Richelieu.

C'était en 1818, après Waterloo. Trois cent mille An-glais, Prussiens, Autrichiens et Cosaques gardaient la

·France conquise, et l'ordre régnait de Dunkerque à Marseille, grâce à leurs baïonnettes. L'occupation devait durer cinq ans. Il faut au moins cinq ans, disaient les diplomates, pour mettre ces drôles à la raison et leur apprendre la discipline. Ces drôles, c'est-à-dire nos pères. Revenus du Caire et de Moscou, de Lisbonne et de Berlin, encore tout meurtris de vingt-trois ans de guerre, ils ne demandaient qu'à respirer et à rebâtir leurs maisons à demi brûlées par l'ennemi.

En ce temps-là régnait Louis XVIII, un brave homme de roi, bien fourré, gros et gras, qui dormait fort bien sans gloire, comme dit Béranger, mais qui, en revanche, ne faisait pas tous les ans des levées de cent cinquante ou deux cent mille conscrits comme le grand Napoléon, d'immortelle mémoire. Son premier ministre était un émigré, le duc de Richelieu ; son frère, le comte d'Artois, un émigré ; ses neveux, ses nièces, ses amis, ses courtisans, tous anciens émigrés. On pouvait croire que tout ce monde, oublié de la France, avait oublié la France ; que ce roi, porté de l'exil au trône par une suite de révolutions inouies, se défierait d'une nation qui l'avait reçu avec répugnance et mettrait sa confiance dans les garnisons étrangères. Eh bien, qui fut le premier à renvoyer ces garnisons que tant de gens auraient crues nécessaires à la sûreté de l'État ? Qui fut le premier à renvoyer les Anglais dans

leur île, et les Cosaques dans leurs déserts, et les Autrichiens et les Prussiens, et tous ces défenseurs de l'ordre
nouveau? Qui, si ce n'est Richelieu lui-même, l'émigré, l'ami
du czar Alexandre, le premier ministre de Louis XVIII? Au
milieu des conspirations de l'ancienne armée, quand l'armée nouvelle était à peine organisée, il osa rejeter les lois
d'exception, renvoyer les Cosaques, se fier à la nation et à
la liberté. Eut-il à s'en repentir, lui ou la dynastie qu'il
servait? Aussitôt les conspirations cessèrent; les blessures
de la patrie se cicatrisèrent, la France se reconnut. On
oublia Waterloo et les guerres civiles pour ne se souvenir que de la liberté conquise, et l'on peut dire que
sans les folles provocations de M. de Polignac, les Martignac et les Richelieu, ministres libéraux, auraient réconconcilié les Bourbons avec la France.

Voilà l'exemple qu'il faut suivre et non celui de Walpole. Il est français, il est récent, il est honorable, et si
M. de Persigny nous fait rendre la liberté individuelle et
la liberté de la presse, j'ose lui promettre un nom dans la
postérité.

Car la liberté individuelle n'est rien si l'on n'y joint la
liberté de la presse. C'est de ces deux biens-là que la
France a besoin, et non de victoires sur les Chinois dont
les Anglais avaient à se plaindre. Qu'on nous laisse libres
d'imprimer, à nos risques et périls, tout ce qu'il nous plaît

de faire savoir au public. Si nous faisons quelque incartade, les lois ne manquent pas, Dieu merci! ni les magistrats, pour nous en faire repentir. Si ce n'est assez de l'amende, qu'on y joigne la prison ; si la prison paraît trop douce, qu'on y ajoute Lambessa ou Cayenne ; on ne saurait punir trop sévèrement les coquins qui ne sont jamais contents. Mais, au nom du Ciel, qu'on cesse d'appesantir sur nous une main protectrice, qu'on nous ôte les lisières, qu'on nous laisse marcher librement, dussions-nous faire quelques faux pas et nous rompre les os; qu'on ne s'attache plus à prévenir la faute pour s'épargner la douleur de châtier le coupable; en un mot, qu'on supprime toute autre juridiction que celle du jury, qu'on abolisse le décret du 17 février 1852, et qu'on nous rende la liberté de la presse qui existait au 25 février 1848, ou si vous voulez, car il ne faut pas trop demander à la fois, au 1er décembre 1851.

Ici, j'entends des gens qui se récrient : « Vous demandez la liberté de la presse ; vous êtes orfèvre, monsieur Josse. » Car c'est là ce que disent éternellement les perfides et les niais. Eh bien! oui, cher contribuable, je suis journaliste, et par là, intéressé à la liberté de tout dire ; mais prenez garde que cette liberté vous profite autant qu'à moi. Si l'impôt est trop lourd, qui le dira ? le journal. Si la conscription est trop dure, si on lève cent mille hommes, quand soixante mille pourraient suffire, qui se plaindra ? le journal. Qui plaidera la cause des pères et des mères qu'on sépare de leurs fils ? le journal. Si l'on démolit la moitié d'une ville et si l'on jette sur le pavé tout ce qui n'est pas millionnaire, qui le dira ? le journal. Si les hommes d'État veulent la guerre, et si la France veut la paix, qui le dira ? le journal, le journal, toujours le journal. Car elle est bonne à tout, cette feuille de papier noirci qu'on calomnie si souvent. Elle sert à tout le monde et à ceux mêmes qui s'en soucient le moins.

Qui fait la force des Anglais en Europe ? Qui fait fléchir devant eux le czar Alexandre, et l'empereur d'Autriche et le roi de Prusse, et tant d'autres qui ne s'en vantent pas ? Ce n'est pas leur armée, si peu nombreuse, et disséminée aux quatre coins du globe. Ce n'est pas leur marine. A Vienne et à Pétersbourg on ne craint pas les canons Armstrong. Qu'est-ce donc, sinon la liberté de la presse ? Leurs journaux font pour eux plus que dix armées. Toute l'Europe défile sous les batteries du *Times* et du *Daily-News.* Commodément assis comme des spectateurs au théâtre, ils applaudissent et sifflent tour à tour les rois et les diplomates. Ils encouragent celui-ci, ils maltraitent celui-là, suivant qu'il convient à leurs intérêts du jour. Cavour est un habile homme, Rechberg est un drôle, Schleinitz est un sot ; et l'acteur tremblant se hâte de changer de rôle pour plaire à ces spectateurs impertinents. Qui sait combien de sottises ou combien de crimes la presse anglaise a épargnés à l'Europe ? Ils prêchent pour leur saint, direz-vous. C'est vrai. Ils ne pensent qu'à l'intérêt de leur Angleterre ; mais l'intérêt d'une nation est aujourd'hui celui du genre humain tout entier et les Anglais le savent bien. Quand Bright ou Cobden plaident pour la paix, c'est notre cause qu'ils plaident aussi bien que la leur. La paix, c'est la ruine des armées permanentes, c'est la liberté, c'est le progrès des sciences, des arts, de l'industrie, du commerce, de la richesse, du bien-être, de la morale même, car le bien-être n'est pas indifférent à la morale. Que Bright réussisse à convaincre les Anglais, et leur exemple ne sera pas perdu pour nous.

Il me semble que le genre humain escalade une montagne escarpée, pareille au Dawalagiri, dont le sommet se perd dans les nuages. Toutes les nations sont parties le même jour, et du même pas. Mais le sentier était difficile et mal frayé. Les plus paresseuses se sont rebutées dès les premiers pas et ont refusé d'avancer. D'autres ont marché jusqu'à moitié chemin et se sont assises pour mesurer de l'œil le chemin parcouru. D'autres enfin, et surtout les nations de l'Occident, ont grimpé sans relâche, et tantôt se querellant, tantôt marchant de front ou prenant chacune à leur tour la tête de la colonne et frayant le chemin à celles qui les suivent, elles ont enfin découvert le sommet tant désiré. C'est là qu'elles mettront le pied dans quelques siècles, et la première arrivée, que ce soit l'Angleterre ou la France, ou les États-Unis, tendra la main aux autres.

De très-hauts fonctionnaires, très-habiles, très-illustres et très-dignes de foi, nous crient : « N'êtes-vous pas arrivés à ce sommet tant désiré? N'avez-vous pas une armée immense, invincible, victorieuse à Sébastopol comme à Magenta, à Pékin comme à Solférino, une armée dont l'égale ne se trouve pas sur ce globe sublunaire? N'avez-vous pas un gouvernement fort, et respecté ou craint de toute l'Europe? N'avez-vous pas un budget formidable, des arsenaux pleins de canons, des poudrières regorgeant de poudre, des frégates blindées, des villes fortifiées, et une dette épouvantable, mais qui prouve votre richesse. Ne fait pas des dettes qui veut. Exemple : le pauvre empereur d'Autriche à qui pas un homme sage ne voudrait prêter 500 francs pour trois mois à cinquante pour cent?

Oui, chers contribuables, nous avons toutes ces belles choses et beaucoup d'autres encore dont je ne parlerai pas pour ne point déplaire à plus puissant que moi; mais si nos préfets nous gênent, si l'on nous empêche de nous réunir, de causer de nos affaires, de pétitionner, de faire connaître librement nos vœux; si l'on nous administre du matin au soir, si l'on s'effraie des moindres discours, à quoi nous sert la gloire de nos armées et l'énormité de notre budget, et le respect ou la crainte de l'Europe? Mieux vaudrait cent fois se chauffer tranquillement les jambes au coin du feu, le bonnet sur la tête, sans crainte du préfet et du commissaire de police, que d'être couronné de laurier comme un empereur romain et de n'oser dire un mot ou remuer une paille sans le consentement de l'administration.

Vous croyez que j'exagère ? Permettez-moi, chers contribuables, de me citer moi-même comme exemple. J'ai déjà conté cette histoire ailleurs, dans le *Courrier du Dimanche*, mais peut-être ne la connaissez-vous pas : en tout cas, je l'abrégerai.

J'étais, l'été dernier, dans le département de la Creuse. Je vivais tranquillement, occupé de mes propres affaires et ne pensant pas à autre chose, lorsqu'on parla autour de moi d'un chemin de fer qui devait traverser le pays. Dans quel sens ? C'était la question. La compagnie d'Orléans et le préfet d'un côté, quelques marchands de houille de l'autre. De part et d'autre les raisons étaient médiocres. Des villes industrielles du département, pas un mot. Chacun tirait la couverture à soi, — les marchands de houille et la compagnie d'Orléans. Quand tout le monde eut parlé, je me levai à mon tour, et je proposai qu'on s'occupât un peu de l'intérêt public, fort négligé jusque-là. « Le chemin de fer, dis-je, est fait pour le peuple et non pas le peuple pour le chemin de fer : qu'on fasse donc passer le chemin là où la population est nombreuse et industrieuse, et non dans des landes désertes. Qu'on suive la grande route du commerce, et qu'on laisse là le préfet, le chef-lieu, l'administration et les millionnaires marchands de houille, ou si tous ces gens-là veulent avoir un chemin de fer, qu'ils le construisent à leurs frais. Et nous, faisons une pétition au ministre des travaux publics. »

Tout le peuple vit bien que j'avais raison, et nous commençâmes à pétitionner ferme ; mais le préfet, qui n'avait du reste pas plus que moi d'intérêt dans l'affaire, s'avisa de trouver notre pétition mauvaise. « Pétitionner, dit-il, c'est agiter le pays. Je ne veux pas qu'on pétitionne. » Qu'auriez-vous fait à ma place ? C'est ici qu'on voit l'utilité des journaux. J'écrivis toute l'affaire au *Courrier du Dimanche ;* car la province est traitée en pays conquis et nul journal n'imprime impunément des choses désagréables au préfet.

Avez-vous vu un menuisier qui enfonce un clou ? Au premier coup de marteau le clou perce la planche ; au second il s'enfonce plus avant ; au troisième il est solidement fixé. C'est ce qui m'arriva. Au premier article le ministre me parla de l'inutilité de ma pétition ; au second il garda le silence ; au troisième je reçus l'autorisation de la faire circuler.

Voilà, chers contribuables, à quoi sert la liberté de la presse. Mais, dit quelqu'un, vous aviez donc cette liberté, puisque vous avez pu attaquer un préfet et même gagner votre cause. Oui, sans doute, mon cher ami, nous ne sommes pas tout à fait chez le Grand Turc ; mais songez que l'affaire ne touchait en rien le gouvernement ni la politique, et qu'il ne s'agissait que de la bévue d'un préfet. Supposons qu'il eût été question de toute autre chose, êtes-vous bien sûr que j'aurais pu parler aussi librement? Et si M. le ministre de l'intérieur avait été d'humeur à me laisser faire, êtes-vous bien sûr que j'aurais trouvé un journal qui osât hasarder sa vie dans une querelle particulière? Et qu'est-ce qu'une liberté qu'on exerce si rarement et avec tant de danger ?

Chers contribuables, mes amis, mes frères, souvenez-vous de ceci : la liberté de la presse est utile aux petits et aux faibles plus qu'à tous les autres. Si le puissant les écrase, c'est le journal qui les relève, les console et les venge. Et s'il faut à ce long discours une conclusion, souvenez-vous que jamais la France ne fut plus grande, plus puissante et plus honorée qu'au temps où l'Europe entière faisait silence pour écouter nos orateurs et nos écrivains. Souvenez-vous qu'en 1792, aux cris de : *liberté, égalité, fraternité,* les portes de Nice, de Mayence et de Chambéry s'ouvrirent d'elles-mêmes devant nos soldats. Voltaire, Rousseau, Montesquieu avaient frayé la route au drapeau tricolore. Et quand les alliés vainqueurs, après vingt-trois ans de guerre, entrèrent dans Paris sans défense, on vit le czar de toutes les Russies, le chef des barbares de l'Ukraine, s'asseoir avec respect parmi les membres de l'Institut. Ce petit-fils de Catherine II, qui avait vu Moscou en cendres, disait comme les Grecs, après la paix d'Athènes : « Démembrer la France, c'est crever un œil à l'Europe. »

O France, patrie de la justice et de la vérité, libre asile de la pensée, sommes-nous tout entiers à la matière, à l'argent et au plaisir, ou reverrons-nous les jours de notre ancienne gloire ? Laisserons-nous à d'autres le soin de guider l'humanité dans les voies de l'avenir ? Mais qui sera digne de te succéder ? L'avare Angleterre, assise sur ses balles de coton, ou l'Amérique, agenouillée devant le dieu Dollar, ou l'Allemagne appesantie par la bière et le tabac, ou l'Italie qui s'éveille et commence à crier : Liberté ?

Non, je ne puis croire que la France abandonne à d'autres peuples ce rôle glorieux. Vingt fois déjà nous avons cru périr, et nous avons vécu contre toute espérance ; vingt fois les autres peuples ont pleuré sur nous comme les amis de Job et nous ont offert leur méprisante pitié ; vingt fois nous nous sommes relevés avec plus de vigueur qu'auparavant, et nous avons repris le premier rang. Est-ce le génie qui manque à la France, ou la liberté ?

Ne l'oublions jamais : sans la liberté, tous les dons du ciel demeurent stériles. Qu'importe que notre industrie s'accroisse, que notre commerce ait doublé depuis vingt ans, que notre armée soit immense et invincible, et notre budget prodigieux? Ce qui est la vie même et la gloire de la nation, c'est la liberté de penser et d'écrire, de n'obéir qu'à la loi, de ne craindre ou de ne flatter personne. Voilà ce qui échauffe les cœurs, ce qui élève les âmes ; voilà d'où naissent les pensées sublimes et les actions immortelles.

Qu'on ne dise pas, pour nous consoler, que nous pouvons vivre sans chefs-d'œuvre. La Chine peut vivre ainsi, mais non la France. Quoi ! nous avons en dix ans dépensé des sommes immenses, achevé le Louvre, percé des rues et des boulevards sans nombre, rebâti la moitié de Paris, pour attirer chez nous le genre humain et faire de cet espace qui est entre Montmartre et Montrouge, la capitale du monde ; et ces millions de visiteurs qui viennent tous les ans à Paris, n'y trouveraient que des restaurants, des vaudevilles et des filles publiques !

L'antique Rome a vu le monde prosterné à ses pieds ; cent mille spectateurs s'asseyaient à la fois dans ses théâtres ; des monuments innombrables remplissaient ses rues et jusqu'aux abords de la cité ; les gladiateurs s'égorgeaient par milliers dans ses fêtes splendides ; les légionnaires

chassaient dans l'arène les lions du Sahara et les tigres
de l'Inde sous les yeux des jeunes Romaines à la robe
flottante ; Rome se faisait appeler la ville éternelle. Mais
quand la liberté sortit de ses murs, l'éloquence et la poésie
suivirent leur mère et laissèrent la porte ouverte aux barbares. Un matin, les Cosaques du Don, au poil hérissé,
entrèrent dans la ville et firent asseoir sur leurs genoux
les filles des sénateurs.

FIN